ILE DE LA RÉUNION

CONSEIL GÉNÉRAL

Session ordinaire de 1885

Mardi, 29 septembre

Séance d'inauguration du buste
du Sénateur Laserve

PRÉSIDENCE D'HONNEUR DE M. LE GOUVERNEUR CUINIER

Sur la convocation de M. Mazaé Azéma, président du Conseil général, le mardi, 29 septembre 1885, a eu lieu dans la salle des délibérations du Conseil général, l'inauguration du buste du sénateur Laserve.

La séance a été ouverte à 2 heures précises.

Sur l'estrade, réservée au bureau du Conseil général, a pris place : M. le Gouverneur, ayant à sa droite M. le Président Mazaé Azéma, M. le vice-président Féry d'Esclands, M. le secrétaire Crestien,—et à sa gauche M. Manès, Directeur de l'intérieur et M. le secrétaire Pascal Crémazy.

Dans l'enceinte de la salle des délibérations, les siéges réservés aux personnes invitées à cette cérémonie, ont été occupés par MM. de Mahy et Dureau de Vaulcomte, députés, par M. Albert de

La Serve et par le plus proches parents du Sénateur,— par M. le Procureur général, les membres du Conseil privé, les Présidents de la Cour d'appel et du Tribunal de première instance, le Procureur de la République, le Chef du service administratif de la marine, le Vice-Recteur, le Protecteur des immigrants, le Trésorier-payeur, le Commandant de gendarmerie, les chefs de service et de corps et nombre de notabilités, parmi lesquelles on remarquait M. Drouhet, ancien président du Conseil général.

M. LE PRÉSIDENT MAZAÉ AZÉMA ouvre la séance par le discours suivant :

DISCOURS DE M. AZÉMA MAZAE

Président du Conseil général

Mes chers collègues,

J'ouvre cette séance sous les auspices d'un patriotique souvenir.

En 1882, le Conseil général a décidé que le buste de notre regretté sénateur, Alexandre de Laserve, serait placé dans la salle de ses délibérations.

Ce vote trouve en ce jour sa complète réalisation. Après en avoir assuré l'exécution, j'ai l'honneur, à la reprise de nos travaux, de vous convier à consacrer à la mémoire de notre concitoyen le public hommage que vous vouliez lui rendre. Son effigie, placée dans cette enceinte, en restera comme l'expression durable.

Mais, avant de rappeler ce qu'il fut, permettez-moi, au nom de cette Assemblée, de remercier Monsieur le Gouverneur et cette honorable assistance d'avoir bien voulu rehausser par leur présence l'éclat de cette manifestation.

ILE DE LA RÉUNION

CONSEIL GÉNÉRAL

Session ordinaire de 1885

MARDI, 29 SEPTEMBRE

SÉANCE D'INAUGURATION

DU BUSTE DU SÉNATEUR LASERVE

SAINT-DENIS (RÉUNION)

IMPRIMERIE LAHUPPE FRÈRES & DROUHET FILS

48 — RUE DE L'ÉGLISE — 48

1885

Alexandre de Laserve n'était point un esprit vulgaire. Les hommes de sa génération se souviennent de son dévouement à la chose publique, de son courage et de son talent à en défendre les intérêts, de la fixité et de la sincérité de ses principes en politique. J'entends encore résonner à mes oreilles sa voix toujours pleine de bienveillance et de loyauté. J'entrevois encore, sous ses dehors peu recherchés, les qualités de l'esprit et du cœur qui le distinguaient à un si haut point.

Laserve naquit à Paris le 30 mars 1821. Mais, par son origine, par ses attaches de famille, par son séjour constant à la Réunion, par la popularité qu'il avait su y acquérir, il est resté, aux yeux de tous, un enfant de ce pays.

Son père, Nicole Robinet de Laserve — une grande figure coloniale — l'envoya jeune en France, pour y compléter ses études : il les fit au Collège Louis-le-Grand, puis à Henri IV. Pendant ce séjour, le commerce fréquent des hommes marquants de cette époque, qu'il rencontrait chez son oncle, M. Chevassus, et qui y discutaient en sa présence les questions politiques et sociales qui agitaient alors les esprits, ne contribua pas peu à ouvrir sa jeune intelligence sur les horizons qu'elles découvrent et à y fixer des empreintes qui ont été les guides de sa vie.

Ses études terminées, il revint à la Réunion en 1840, pour assister bientôt à la mort de son père et se déterminer vers le choix d'une carrière. Celle du Droit, le rêve paternel, n'avait pu être poursuivie. Laserve se décida pour le journalisme. Il écrivit d'abord dans l'*Hebdomadaire*, puis dans le *Cri public*. Mais c'est surtout dans le *Commerce*, dont il fit le succès et la fortune, qu'il déploya le plus d'activité et de talent.

Ses projets de réformes politiques, économiques et sociales étaient remarqués. Ils se résumaient en trois points principaux, qu'il serait aujourd'hui bien difficile de contredire : autonomie administrative, assimilation politique à la métropole, libre élection des mandataires de la Colonie et de son Conseil général investi de larges attributions, que le sénatus-consulte de 1866 n'a pas tardé à consacrer. Ses études sur les Budgets coloniaux de 1863 à 1865 dénotaient une connaissance approfondie des nécessités financières de la Colonie et de leur juste application. Elles eurent un grand succès.

Toutes les questions qui préoccupaient alors le pays, aussi bien dans ses intérêts matériels que dans ses aspirations progressistes, ne le laissaient point indifférent. Il apportait, dans leur examen, une rectitude de jugement, une fougue de style et une sincérité d'opinion, que ses ennemis mêmes ne se refusaient pas à reconnaître. Dans les entrainements des luttes passionnées de ce temps, il avait parfois des ardeurs de plume, mais dont les vivacités ne pouvaient faire oublier cette longue série d'articles dans lesquels il traitait, avec un mérite réel et un patriotisme de bon aloi, tout ce qui touchait aux intérêts de la Colonie.

Pendant dix ans, Laserve fut le publiciste le plus recherché, le plus écouté. Son rôle politique allait grandissant chaque jour. Sa popularité atteignit les plus hautes limites ; si bien qu'après les déplorables événements de décembre 1868, il put la jeter, comme un drapeau de paix, entre la population et le pouvoir.

A la prospérité qu'une honorable amitié lui avait préparée succédèrent des revers de fortune. Laserve les supporta avec courage, soutenu par l'estime générale. Il dut quitter sa propriété de la *Ravine Creuse* et accepter une modeste place. Elle le conduisit au calme et au silence. Il semblait même ne vouloir plus s'en départir, lorsque les graves évènements survenus en France en 1870 le remirent en scène.

Le Gouvernement de la Défense nationale venait de décréter pour les colonies le droit à la Représentation directe. Le nom de Laserve retentit, à cette nouvelle, d'un bout de l'île à l'autre. De magnifiques ovations l'accueillirent en tous lieux. Treize mille suffrages l'accompagnèrent à l'Assemblée nationale, avec son jeune collègue, M. de Mahy, dont il avait distingué la valeur et l'indépendance.

Lorsqu'en 1876, la Représentation coloniale fut augmentée d'un siege au Sénat, Laserve fut encore désigné pour l'occuper par le suffrage presque unanime du collége sénatorial.

Pendant toute la durée de son mandat représentatif, Laserve n'eut pas un instant de défaillance, ni dans ses opinions, ni dans son profond dévouement au pays. Les correspondances qu'il adressait régulièrement à ses commettants en sont des preuves irrécusables. Malgré la plus cruelle infirmité qui puisse atteindre un homme public, Laserve fut toujours au devoir.

Le 4 février 1882, la Colonie perdait son sympathique et distingué Sénateur.

En retraçant sur le bronze l'image populaire de Laserve, le Conseil général a voulu conserver le souvenir de cet infatigable lutteur. Cette image planera dans cette enceinte comme un perpétuel témoignage de l'étendue de ses services et de la reconnaissance de ses compatriotes.

A la mémoire de Laserve !

Ce discours est accueilli par d'unanimes applaudissements dans la salle et dans la galerie réservée au public.

M. le Président donne la parole à M. Manès, Directeur de l'intérieur.

M. le Directeur de l'intérieur prononce le discours suivant :

DISCOURS DE M. LE DIRECTEUR
DE L'INTÉRIEUR

Messieurs les Conseillers généraux,

Celui qui a l'honneur de représenter auprès de vous le gouvernement local, ne peut rester étranger au témoignage de reconnaissance que la Colonie décerne en ce jour.

Le pieux devoir lui incombe de s'associer aux sentiments dont vous avez été les fidèles interprètes, en décidant que l'effigie d'Alexandre de La Serve serait placée dans la salle de vos délibérations.

Ce devoir, je le remplis de tout cœur; car, à l'hommage public qu'elle doit à la mémoire du citoyen qui consacra sa vie au service de l'intérêt général, l'Administration supérieure du pays doit encore ajouter la vive et sincère expression de sa gratitude personnelle.

Peu d'hommes mêlés aux luttes des partis ont pu, de leur vivant, trouver dans l'opinion la légitime récompense de leurs travaux.

La Serve a eu ce rare privilége de voir les passions s'agiter autour de lui, sans que jamais le désintéressement de ses actes ni la sincérité de ses convictions aient été un seul instant méconnus.

Son infatigable ardeur à revendiquer les libertés et à défendre les intérêts du pays, son dévouement inaltérable pour la République lui avaient mérité depuis longtemps une place à part dans la confiance de ses concitoyens, lorsque survinrent les événements de 1870.

Rentrée alors en possession du droit que lui avait enlevé la coutitution de 1852, la Colonie, appelée à élire deux représentants à l'Assemblée constituante, s'empressa d'accorder à La Serve la presque unanimité de ses suffrages, en même temps qu'elle désignait avec le même enthousiasme l'éminent compatriote dont nous avons été si heureux de saluer l'arrivée parmi nous.

Plus tard en 1876, lorsque l'exercice des pouvoirs publics fut confié à deux Assemblées, le nom de La Serve fut acclamé de nouveau, cette fois pour un siége au grand Conseil des communes de France, où il était entouré de l'estime et de l'affection de tous, et où l'on put remarquer ces élans de patriotisme qui avaient signalé son passage à l'Assemblée nationale.

Mais là ne pouvaient se borner, Messieurs, les manifestations reconnaissantes de la Colonie. Vivant, elle l'acclamait; mort, elle devait honorer sa mémoire.

Aussi, verrons-nous bientôt son buste érigé dans la commune qui, pendant de longues années, fut le témoin de ses luttes et de ses travaux, et où il prépara les utiles réformes budgétaires opérées, en 1871, par le premier Conseil général élu.

Devançant l'initiative municipale, vous, les principaux organes du pays, inspirés de ses plus nobles pensées, vous avez tenu à perpétuer dans cette enceinte le souvenir d'un nom aimé, d'un nom synonyme de libéralisme et de dévouement, c'est là un acte de justice que vous avez accompli et auquel le gouvernement applaudit avec la Colonie tout entière.

(Bravos et applaudissements répétés dans la salle et au dehors.)

La parole est donnée à M. Albert de La Serve qui s'exprime en ces termes :

DISCOURS DE M. A. DE LA SERVE

Messieurs,

En me levant pour prendre la parole dans une cérémonie qui éveille en moi de si touchants souvenirs, mon émotion est profonde, vous le comprenez sans peine. Mais puis-je me taire en présence de cette manifestation si bien faite pour faire vibrer dans tous les cœurs les fibres du patriotisme et raviver dans le mien les sentiments d'affection qui me liaient à celui qui n'est plus et que vous glorifiez aujourd'hui ?

Permettez-moi donc de venir comme frère de La Serve, le seul homme de sa famille qui porte maintenant son nom dans ce pays et aussi comme ancien collègue, vous exprimer, en mon nom, au nom de tous les miens et des amis de La Serve, nos sentiments de vive et profonde gratitude pour l'hommage insigne que vous rendez à sa mémoire. Hommage dont l'éclat est encore rehaussé par la présence dans cette enceinte du représentant de la France, notre sympathique et respecté Gouverneur, des députés de la Colonie et des notabilités de l'île qui ont bien voulu répondre à votre appel.

Certes, Messieurs, si le patriotique enseignement qui découle de cette touchante et solennelle manifestation doit un jour porter ses fruits, s'il doit stimuler la noble ardeur de tous ceux qui ont à cœur de servir leur pays, comment pourrait-il être perdu pour nous surtout, ses contemporains, qui l'avons vu à l'œuvre et qui avons applaudi à ses efforts ? — Dans cet exemple nous puisons une nouvelle force pour l'accomplissement de nos devoirs envers le pays. — Cette dette patriotique, chacun peut toujours la payer, quel que soit le rang brillant ou modeste dans lequel le hasard l'a placé ; car si la distinction de l'intelligence, la science acquise et les remarquables aptitudes de l'esprit ne sont le partage que de quelques privilégiés, du moins il est donné à tous d'être homme de bien. — Et qui sait si ce n'est pas par là que mon frère, dès le début de sa vie publique, a vu naître sa popularité et a pu conquérir l'estime même de ses adversaires ?

Comme on le rappelait tout à l'heure dans d'éloquentes paroles, le trait distinctif de son caractère c'étaient l'abnégation et le dévouement à la chose publique. — A ce titre, Messieurs, laissez-moi vous le dire, son buste avait quelque droit d'être

placé dans cette enceinte, c'est-à-dire dans la salle
même de vos délibérations, où vous aussi, chaque
année, faisant également le sacrifice de vos intérêts, d'un temps précieux pour vos affaires, de vos
convenances personnelles, vous venez apporter au
pays, et cela gratuitement, sans autre préoccupa-
tion que le bien général, le tribut de vos lumières,
de votre expérience et de vos courageux efforts
pour soutenir, dans ses épreuves, notre chère Colonie.

Je termine, Messieurs, en vous renouvelant
pour moi et les miens, nos plus vifs remercîments
et permettez-moi de comprendre dans les mêmes
sentiments, les éminents orateurs qui, en termes
émus et si flatteurs, ont rappelé les traits principaux de l'existence et des travaux de votre ancien
sénateur qui a tant aimé ce pays que moi et les
miens nous devons chérir jusqu'au sacrifice, car il
n'a pas plus marchandé sa reconnaissance à la mémoire du fils qu'à celle du père. — *(Applaudissements)*.

M. le conseiller Pascal Crémazy lit la
pièce de vers suivante, qui est fréquemment inter-
rompue par des applaudissements et des bravos.

HOMMAGE A LA MÉMOIRE

D'Alexandre de La Serve

La Serve ! ce nom seul a fait battre nos cœurs !
Il fut le fils aîné d'un fervent patriote,
Qui lutta le premier parmi les défenseurs
D'un pays dédaigné qu'on traitait en ilote.

Sur les traces du père il marcha fermement ;
A cette école il eut, jeune, l'âme virile,
Et, de la liberté noble et fidèle amant,
Il flétrit les excès d'une époque servile,

Où, sous un faux César dont nos fils rougiront,
O France, ton renom de gloire militaire,
Legs brillant d'un passé, vierge d'un tel affront,
S'éclipsait dans le sang d'une effroyable guerre !

La presse muselée, il en brise les fers ;
La haine des tyrans en ses écrits s'allume;
Plus nos droits sont niés et plus ils lui sont chers,
Et comme un glaive il fit étinceler sa plume !

Après la nuit sinistre, est-ce crime, est-ce erreur ?
Où nos chefs outrageaient une foule innocente,
Grâce à La Serve, ami du peuple et son vengeur,
Le droit mit en échec la force triomphante !

Le vote universel revint comblant nos vœux.
Bourbon lui tresse alors sa couronne civique,
L'acclame et l'investit du rôle glorieux
De fonder sur le sol français la République !

Inébranlable, il tint son poste de combat.
L'honneur fut son drapeau, son Dieu fut sa patrie,
Et quand la mort le prit, ce Tribun au Sénat
Servait toujours la France avec idolâtrie !

La raison et la foi, ces flambeaux du devoir,
Eclairent jusqu'au bout l'apôtre en sa carrière,
Non loin de son ami qui, naguère au pouvoir,
S'y montrait en vainqueur sous la même bannière.

Il eut ses ennemis ; mais calme, plein de sens,
L'œil vers son but, rendant le mépris pour l'insulte,
Au parti du progrès il n'offrit son encens
Que pour l'humanité dont il garda le culte !

Et maintenant, colons, que la postérité
Luit pour l'homme éminent, type antique du juste,
Mâle dans sa droiture et doux dans sa bonté,
Que son souvenir dure en vos cœurs ! — Que son buste

Vous retrace ses traits et ses titres d'honneur !
Dans votre livre d'or illustrez sa mémoire !
Quand de grands citoyens aident à la grandeur
D'un peuple, n'est-il pas fier d'avoir une histoire ?

Rappelez-vous surtout que son ambition
Ne fut pas le manteau de basses convoitises !
Ni flattant ni flatté—sans ostentation,
Il fut le bouclier vivant de nos franchises !

Ce bronze ici rayonne où siègent vos élus,
Votre reconnaissance accroit son auréole ;
Caractère et talent, l'exemple touche plus
Quand il nous vient si pur d'un si vaillant créole !

Dans les heures de doute où l'esprit abat n
Cherche haut un appui qui rende le courage,
Que l'aspect de ce sage inspire la vertu !
Nous nous relèverons devant sa grande image !!

M. le Gouverneur Cuinier clot la séance par une allocution qui est accueillie par les plus vives marques d'approbation.

ALLOCUTION DE M. LE GOUVERNEUR

Messieurs,

Que nous apprennent ces discours dont nous avons encore l'oreille pleine et l'esprit charmé ? Que nous sommes en présence d'une des belles figures de patriote et de républicain dont la Réunion peut s'enorgueillir !

Elle a particulièrement brillé à deux époques importantes de l'histoire de la colonie, une première fois quand a dû disparaitre le régime d'exception qui pesait sur une partie de la population et qu'un droit primordial longtemps méconnu a été restitué ; plus tard quand a commencé, sérieusement et pour ne plus cesser, l'application du principe de la représentation des colonies au sein du parlement : 1848 et 1870.

Je n'ai pas à revenir sur le rôle qu'a joué M. La Serve, dans ces circonstances, sur le parti qu'il a tiré de ces deux conquêtes de l'esprit français qu'il avait appelées de ses vœux et qui répondaient si bien à ses aspirations. Il faut avoir été son contemporain, l'avoir vu à l'œuvre, avoir traversé avec lui les évènements au milieu desquels il s'est développé, avoir pu apprécier son caractère et son talent pour parler convenablement de l'influence qu'il a exercée ici et en France au profit de son cher pays d'adoption. C'est ce que vient de faire M. le Président du Conseil général, avec autant d'éloquence que d'autorité. Après lui, M. le Conseiller général Crémazy, dans un langage poétique plein de force et d'éclat, a synthétisé cette grande vie. Vous avez entendu ensuite M. le Directeur de l'Intérieur. Parlant au nom de l'Administration, il a trouvé des formes heureuses pour exprimer l'estime profonde, mêlée de vénération, que nous ont toujours inspirée, à tous ici, sans distinction, les éminentes qualités du premier sénateur républicain de la Réunion, sa richesse d'âme, sa sincérité, ses instincts généreux, sa plume entraînante, son ardent patriotisme. Enfin, M. Albert de Laserve, son frère, en essayant, par modestie, de le ramener aux simples proportions d'un homme de bien, n'a pu qu'embellir encore son portrait et nous le faire aimer davantage. Tout le monde sait maintenant ce qu'a été M. La Serve et pourquoi nous rendons un solennel hommage à sa mémoire. Vous ne me pardonneriez pas d'essayer de redire ce qui a été si bien dit. Je me bornerai donc à m'incliner avec vous, et dans les mêmes sentiments, devant ce buste, image de tant de mâles vertus, que nous ne pouvons regarder sans respect et sans fierté.

Le Conseil général a eu raison de ne pas attendre plus longtemps pour montrer à tous, comment le pays dont il est l'interprète, récompense ceux de ses enfants qui le servent avec distinction, avec dévouement, qui vont jusqu'à s'oublier eux-mêmes et à se sacrifier pour le servir. Il y a des dettes qu'on ne saurait acquitter trop tôt. En ce qui me concerne, je suis heureux et flatté de voir s'accomplir, sous mon administration, cet acte de reconnaissance et de justice. Je remercie le Conseil général d'avoir bien voulu m'y associer, aussi intimement que possible, en me donnant la présidence d'honneur de la cérémonie. Ce sera, parmi les bons souvenirs qui me resteront de mon passage aux affaires dans cette colonie si attachante, un des meilleurs.

L'Administration ne pouvait pas, vous le comprenez, prendre l'initiative d'une telle manifestation. Cette initiative revenait de droit au Conseil général dont la députation en France n'est que la continuation et le couronnement pour ainsi dire. Nous devions respecter son privilège. Mais nous avons vivement applaudi à sa résolution et croyez bien que dans ce moment où il met le nom de La Serve au rang qui lui est dû et y attache un éclat bien mérité, nous ne faisons qu'un avec lui.

Nous non plus d'ailleurs, nous n'oublions pas que nous devons à M. La Serve (pour ne parler que des morts) de nous avoir beaucoup soutenu de ses sympathies ; de nous avoir rendu nos fonctions d'autant moins difficiles qu'elles ont pu s'exercer dans une parfaite entente avec les pouvoirs élus de la Colonie, les conseils municipaux, le Conseil général et la députation elle-même. Cette entente entre l'Administration et le suffrage universel, si elle est précieuse partout, l'est surtout aux colonies où à raison du peu d'étendue des milieux, des passions vives et des erreurs qui en sont la conséquence, on se blesse aisément les uns les autres et on ne pardonne guère au grand préjudice de la chose publique. M. La Serve, esprit sage et bienveillant, savait que les hommes vivent de concessions ; il eu faisait, quand il le fallait, sans sortir d'une juste limite. Mais c'est principalement par son caractère, sa haute raison, sa bonne foi, son désintéressement sans égal qu'il s'imposait à tous et obtenait la paix et l'union si profitables au bien général. On était jaloux de se sentir d'accord avec lui, car on savait que c'était la meilleure manière d'être utile au pays. Aussi le pays a t-il fait une grande perte en le perdant.

Quelque chose doit pourtant nous consoler de cette perte, si grande qu'elle soit; c'est de penser que la race d'hommes à laquelle appartenait M. La Serve, hommes au grand cœur et à l'esprit supérieur, n'est pas éteinte et que la Colonie possède encore sur qui s'appuyer avec confiance pour le soin de ses affaires et de sa réputation. Mais si d'autres marchent dignement, brillamment, dans la voie ouverte par M. La Serve, lui n'en garde pas moins l'impérissable honneur d'y être entré le premier et de rester un guide et un modèle pour ceux qui viendront après lui.

La séance d'inauguration du buste de M. La-Serve est close à 3 heures.

Typ. Lahuppe frères et Drouhet fils, rue de l'Église, 43.